3
m. 25.

PRÉCIS

HISTORIQUE ET GÉNÉALOGIQUE

DE LA MAISON

D'ARMAGNAC DE CASTANET,

Par M. Glück,

professeur d'histoire au lycée de cahors.

CAHORS :

J.-P. COMBARIEU, IMPRIMEUR, RUE DU PARC.

AVANT-PROPOS.

L'opuscule, auquel j'attache mon nom, a-t-il été entrepris par moi sous l'inspiration d'une idée grave et consciencieuse, ou bien n'ai-je été guidé que par le désir de sanctionner les prétentions d'un homme dont je m'honore d'être l'ami, mais qui n'aurait pas plus voulu me demander un acte de complaisance que je n'aurais été disposé à le lui accorder ? Voilà une question qui me sera adressée peut-être par tous ceux entre les mains de qui tombera ce travail historique. Je dois à cette question une réponse qui sera franche et catégorique.

En rédigeant le texte de l'Album historique du Lot, j'ai rencontré le fait suivant: aux états-généraux de Tours, tenus dans l'année 1484, le seigneur de Castelnau-de-Bretenoux fut accusé formellement d'avoir pris part à l'empoisonnement de la comtesse d'Armagnac. M. Adhelm Bernier, qui était en 1835 avocat à la cour royale de Paris et qui a traduit du latin en français le journal de ces états-généraux,

rédigé par *Masselin*, dit, dans une note qui accompagne sa traduction : « *Charles d'Armagnac (beau-
« frère de la comtesse empoisonnée), obtint plus tard
« la restitution des comtés d'Armagnac et de Rodez ;
« mais comme ses longues souffrances (durant sa dé-
« tention à la bastille) avaient altéré sa raison, le sire
« d'Albret se fit adjuger l'administration de ses biens,
« en qualité de plus proche parent et le renferma
« dans une nouvelle prison ; le roi (Charles VIII),
« en étant averti, l'en tira une seconde fois et lui
« nomma des curateurs. Ce retour de fortune ne fut
« pas de longue durée ; il mourut sans laisser de pos-
« térité* légitime *et ses biens, en vertu de plusieurs
« transactions, furent réunis à la couronne.*

Le passage, où il est dit que le dernier des Armagnac mourut sans laisser de postérité, me frappa. Depuis 14 ans que j'enseigne l'histoire au lycée de Cahors, il ne m'est pas arrivé une seule fois de parler de la famille d'Armagnac qui joua un si grand rôle aux 14 et 15mes siècles, sans que les élèves m'aient demandé si M. le comte d'Armagnac, qui habite Cahors et qui possède encore des propriétés dans le Rouergue, d'où il est originaire, appartenait oui ou non à cette grande famille. Cette question de la part des élèves, et surtout le texte de l'Album historique du Lot où je parle de l'extinction des comtes d'Armagnac, me décidèrent enfin à faire une démarche auprès de l'héritier contesté de ce nom : je lui lus les pages où je fais mention du seigneur de Castelnau-de-Bretenoux, accusé d'avoir pris part à l'empoisonnement de la comtesse d'Armagnac ; je lui lus la note de M. Bernier et je lui demandai comment il se faisait qu'il portât le nom d'une famille déclarée éteinte par tous les historiens. M. d'Armagnac, pour toute réponse, mit entre mes mains toutes les pièces qui établissent sa généalogie, et c'est du dépouillement attentif et scrupuleux de tous ces documents authentiques qu'est résulté le travail aujourd'hui publié par moi, travail dont je n'hésite pas à me reconnaître l'auteur, et à prendre la responsabilité ; car, si j'indique parfois des vraisemblances, je n'affirme que des faits positifs et incontestables. Ce que je dirai sur le même sujet dans l'Album historique du Lot m'a été dicté par le même motif, le désir de connaître et de publier la vérité.

Cahors, le 20 juillet 1850.

GÉNÉALOGIE

DE LA MAISON

D'ARMAGNAC DE CASTANET.

I.

Pierre d'Armagnac.

Cent ans avant la mort de Charles d'Armagnac, en la personne duquel s'éteignit, l'an 1497, la branche régnante des comtes de ce nom, vivait à Castanet (Rouergue) un personnage qui s'intitulait noble et puissant homme (nobilem et potentem virum), Pierre d'Armagnac, chevalier, seigneur de Castanet et de Labastide-Nantelm. Le 27 avril 1377, ce Pierre d'Armagnac et sa femme, Réale de Faudoas, passèrent (par devant M⁰ Pierre de Robert, notaire à Najac) une transaction avec noble et religieux homme Guillaume-Pierre de Castanet, infirmier du monastère de Moissac, relati-

vement aux droits qu'il pouvait avoir sur la terre de Castanet, dont *Réale* avait la propriété par sa mère Luce de Castanet. Vingt ans plus tard, le 23 juillet 1397 *(a)*, « noble homme seigneur Pierre
« d'Armagnac, chevalier, seigneur de Castanet et
« de Labastide, appelée Nantelm, pour lui et pour
« son fils, Arnaud d'Armagnac, à genoux, tête
« découverte, les mains unies ou jointes et posées
« sur le missel et la croix, prêta l'hommage (lige)
« entre les mains du sénéchal (de Rouergue) et
« sur les genoux d'icelui. Il jura qu'il serait à
« l'égard du sire roi Charles (VI) vrai, bon, fidèle
« et obéissant, qu'il conserverait et défendrait le
« corps, la vie et les membres du roi envers et
« contre tous ceux qui vivaient ou vivraient. Le-
« dit seigneur sénéchal reçut ledit Pierre d'Arma-
« gnac pour homme du roi notre seigneur en le
« baisant (sur la bouche) et le vassal fit ensuite
« la déclaration suivante: moi, Pierre d'Armagnac,
« je reconnais tenir de notre seigneur, le roi de

(a) Nobilis vir dominus Petrus de Armanhaco, miles, dominus de Castaneto et de Bastida vocata Nantelm, pro se et nobili Arnaldo de Armanhaco, filio suo, genibus flexis, amoto capucio, manibus complosis sive junctis, et supra librum missalem et crucem positis, inter manus senescalli (Ruthenensis) et supra genua ejusdem fecit hommagium ac juravit esse dicto domino notro (Quarolo) regi verus, bonus et fidelis, ac obediens, corpus, vitam, et membra ipsius servare et deffendere contra et adversus omnes qui vivunt aut vivent. Dictus dominus senescallus dictum dominum nobilem Petrum in hominem domini nostri regis, osculo interveniente, recepit. Ego Petrus de Armagnaco recognosco me tenere à domino nostro Francie rege in feudum franchum et honnoratum videlicet Castrum seu locum de Castaneto et Castrum de Bastida Nantelm, in quibus habeo juridictionem altam et bassam, etc.

« France, en fief franc et honoré, savoir, le châ-
« teau ou lieu de Castanet et le château de Labas-
« tide Nantelm dans lesquels j'exerce la juridic-
« tion haute et basse. » Le 30 octobre 1405,
Pierre d'Armagnac, par une procuration passée
devant Me Dupeyrou, notaire à Najac, autorisa
son fils, Arnaud de Castanet (Arnaldum de Castaneto) à se faire payer le reste de la dot de sa
mère, Réale de Faudoas. Les trois actes, que nous
venons de citer, établissent donc d'une manière
positive l'existence d'un Pierre d'Armagnac dans
les années 1377—1405, devenu seigneur de Castanet par son mariage avec Réale de Faudoas. Mais
ce Pierre d'Armagnac était-il parent des comtes
d'Armagnac alors au faîte de leur puissance ? Si
nous n'avons (jusqu'ici du moins) à l'appui de ce
fait aucun titre matériel, nous en possédons des
preuves morales si nombreuses et si concluantes,
qu'il nous semble impossible de les révoquer en
doute. En effet, on lit dans la généalogie de Faudoas
(page 138) : Réale de Faudoas fut héritière de Guyon
de Castanet, son cousin-germain, fils d'Anselme,
dit Anselin, seigneur de Castanet, son oncle ma-
ternel, et c'est de lui qu'elle eut la terre de Castanet au diocèse de Rodez et autres, qu'elle porta
à noble et puissant seigneur Pierre d'Armagnac,
chevalier, son mari. Les armes de Pierre d'Armagnac
étaient les mêmes que celles des comtes d'Armagnac
et de Rodez, écartelées au 1er et 4e d'argent, au lion
de gueule, au 2e et 3e de gueule au léopard d'or
(archives de la trésorerie de Montauban). Le père

de Réale, Biraud de Faudoas, avait assisté comme témoin au mariage de Mathe d'Armagnac, fille du comte Jean I d'Armagnac, avec Jean duc de Girone, fils aîné de Pierre IV, roi d'Aragon ; le contrat fut passé à Lectoure, dans le château comtal, par Pierre Jovini, notaire, le 6 mars 1373 ; ce qui montre l'union des familles d'Armagnac et de Faudoas, rend naturelle une alliance ultérieure entre elles par le mariage de Pierre avec Réale, et est une preuve indirecte de la parenté de Pierre avec les comtes d'Armagnac ; nous lisons d'ailleurs dans une histoire latine du couvent des frères prêcheurs de Toulouse, composée par J.-J. Percin et imprimée en 1693, page 264, que Bernard de Castanet, évêque d'Alby en 1236, eut parmi ses arrière-nièces celle qui épousa le comte Pierre d'Armagnac (hujus neptis matrimonio juncta est Petro Armaigniaco comiti) *(a)*, duquel descendent les seigneurs de Castanet, (è quo possessores toparchiæ de Castaneto orti sunt).

Après tout ce qu'on vient de dire, pourrait-on supposer que ce Pierre d'Armagnac osât et pût s'intituler haut et puissant seigneur, prendre le nom et les armes des d'Armagnac, conclure une alliance aussi brillante, prêter l'hommage-lige au roi, et cela dans les terres et sous les yeux du comte d'Armagnac régnant alors, s'il n'eût été réellement de cette famille ? Mais peut-être en

---

(a) Percin, en donnant à Pierre d'Armagnac le titre de comte, qui n'appartenait qu'au chef de la famille, a montré par là qu'il le regardait incontestablement comme membre de cette puissante maison.

était-il un membre illégitime? non, car alors il aurait pris, sans se gêner, le titre de bâtard d'Armagnac, à l'imitation des bâtards d'Orléans, de Bourbon, etc.... D'ailleurs, nous le répétons, il portait en plein et sans la barre d'illégitimité les armes d'Armagnac et de Rodez.

II.

Arnaud d'Armagnac de Castanet.

L'existence et la filiation d'Arnaud d'Armagnac sont prouvées 1° par l'hommage déjà cité, du 23 juillet mil trois cent quatre-vingt-dix-sept, dans lequel Pierre d'Armagnac stipule tant en son nom qu'en celui d'Arnaud d'Armagnac son fils; 2° par un acte de cession et transport du 4 avril 1404, fait par Raymond-Roger de Comminges, en faveur de son frère Arnaud-Roger de Comminges, et dans lequel Arnaud d'Armagnac de Castanet est intitulé *Arnaldi de Castaneto alias d'Armanhaco domicelli* (Arnaud de Castanet ou d'Armagnac damoiseau, c'est-à-dire non encore armé chevalier); acte trouvé au château de Bruniquel (Tarn-et-Garonne), par M. Gustave de Clausade qui, ne pouvant emporter l'original, l'a copié textuellement et en a remis à la famille la copie certifiée conforme et signée de sa main; 3° par un acte de cession de ses droits légitimaires fait le 13 septembre 1408 devant M^e. Barthélemy Saint-Just, notaire à Najac, par noble demoiselle Jeanne de Castanet, fille de noble Pierre d'Armagnac, chevalier, et de noble Réale de Faudoas, à noble Arnaud de Castanet, seigneur de Castanet, son frère-germain ; 4° par un contrat de vente consenti par Raymond Coustous, à Jean Malhé, dans lequel le vendeur prie noble Arnaud de Castanet, seigneur de Castanet, d'octroyer la susdite vente ; ledit acte est en date du 17 décembre 1449, retenu par Me Jean Gineste, notaire à Najac; 5° par un acte de transaction concernant les herbages et *leignages* dans les prés et bois de la terre de Castanet, passé entre nobles Arnaud et Jean de Castanet, père et fils, seigneurs dudit Castanet, et les jurats de Castanet, le 3 août 1452, devant Jean Gineste, notaire à Najac (Rouergue) ; 6° enfin, par le testament dudit Arnaud de Castanet, en date du 2 octobre 1452, passé au château de Castanet et retenu par le même notaire, Me Jean Gineste, dans lequel il est intitulé Arnaud de Castanet, seigneur de Castanet. Par ce testament, après avoir réglé les droits de tous ses autres enfants et ceux de sa femme, noble Aldo d'Adémar, il institue pour son héritier général et universel son fils aîné, légitime et naturel, noble Jean de Castanet.

Nous devons remarquer ici qu'Arnaud prit plus souvent le nom de Castanet que celui d'Armagnac; ses descendants imitèrent généralement son exemple. Il ne faut pas s'étonner de cette substitution de titre ; elle résulte seulement de la position des cadets vis-à-vis de leurs aînés, et Arnaud n'ayant aucun droit sur l'Armagnac que possédait sa puissante famille, préféra tout naturellement porter le nom d'une terre dont il était le maître. Au reste, les changements de noms illustres en noms moins illustres ne sont pas rares parmi la noblesse française; ainsi les Coligny devinrent des d'Andelot; les Sully, des d'Orval; les Choiseul, des Praslin; les d'Estrées, des Cœuvres ; les Bourbons, des Conti ; les Grammont, des Guiche ; les Vendôme, des Mercœur, &. &.

III.

Jean de Castanet.

Il est établi que Jean de Castanet était fils d'Arnaud d'Armagnac de Castanet ; 1° par le testament de son père cité plus haut ; 2° par une élection en sa faveur à l'emploi d'écuyer du dauphin de France, en date du 28 octobre 1449, dans laquelle le Dauphin le nomme « mon bien amé Jean de Castanet » et motive sa nomination aux fonctions, qu'il lui confie auprès de sa personne, sur sa valeur, loyauté, &; 3° par un acte de bail à fief d'une terre, consenti par noble et puissant homme (*noblé et pondérous homé*) Jean de Castanet, seigneur de Castanet, à Arnaud Rives, le 27 novembre 1459, retenu par Jacques Majoris, notaire à Savensa; 4° par un acte portant fondation d'une chapellenie dite de Cambairac, fait par noble et puissant homme Jean de Castanet, seigneur de

Castanet, le 6 octobre 1467, devant Jean Ginesté, notaire à Najac; 5° par une transaction du 15 novembre 1469, entre Jean de Castanet, seigneur de Castanet et Pons Agreux, recteur de l'église de Cambairac, relativement aux dîmes de cette paroisse, et retenu par Jean Cambefort, notaire à Najac; 6° par un bail à cens, d'une maison et jardin, consenti par noble Jean de Castanet, seigneur de Castanet, à Bernard St.-Amaux, le 7 janvier 1477, retenu par Pierre Gineste, notaire à Najac, &.

IV.

Guillot de Castanet.

Il est aussi incontestablement prouvé que Guillot de Castanet était fils de Jean de Castanet 1° par une reconnaissance féodale d'une maison et jardin à Cambairac, consentie par Bernard St.-Amaux à noble Guillot de Castanet, seigneur de Castanet et de Cambairac, dans laquelle ce dernier est dit fils légitime et héritier de noble Jean de Castanet; ledit acte est en date du 14 avril 1487, retenu par M° Duelli, notaire à Najac; 2° par une reconnaissance du village de Donels, consentie par Pierre Rives, en faveur de noble et puissant seigneur Guillot de Castanet, chevalier, seigneur de Castanet et de Cambairac, le 31 juillet 1487, retenu par Jean Duelli, notaire à Najac, et dans laquelle Guillot est dit fils et héritier de noble Jean de Castanet; 3° par une reconnaissance de la métairie de Cambairac, consentie par Arnaud, Jean et autre Jean St.-Amaux et Jean Carles, en faveur de noble et puissant seigneur Guillot de Castanet, chevalier, seigneur de Castanet et de Cambairac, le 21 avril 1488, devant Duelli, notaire à Najac; 4° par le testament dudit Guillot, retenu le 31 juin 1527 par M⁰ Cambefort, notaire à Najac, dans lequel il est aussi nommé noble et puissant seigneur Guillot de Castanet, chevalier, seigneur de Castanet, et par lequel il lègue cent livres tournois à Bernard de Castanet, son fils, chevalier de l'ordre de St.-Jean de Jérusalem, fixe les droits de ses autres enfants et nomme pour son héritier général et universel son fils aîné, légitime et naturel, Pons de Castanet.

V.

Pons de Castanet.

On voit que Pons était fils de Guillot de Castanet 1° par le testament de son père cité plus haut; 2° par le testament d'Arnaud St.-Amaux, habitant de Cambairac, retenu par Antoine Albrespy, notaire à Najac, le 24 mars 1524, testament dans lequel noble Pons de Castanet a servi de témoin et où il est désigné comme fils de noble Guillot de Castanet, seigneur de Castanet; 3° par son contrat de mariage avec noble demoiselle Jeanne de Marquès, du 29 mai 1541, retenu par A. Dupeyrou, notaire à Villefranche (de Rouergue); 4° par une quittance de cent livres, consentie par ledit noble Pons de Castanet, seigneur de Castanet et noble Jeanne de Marquès, mariés, retenue le 25 mars 1544 par Antoine Dupeyrou, notaire à Villefranche; 5° par son testament du 10 janvier 1556, retenu par M. Albouy, notaire à Najac, et par lequel lui, noble Pons de Castanet, seigneur de Castanet, institue pour son héritière générale et universelle noble Jeanne de Marquès, sa femme, à la charge par elle de rendre ses biens à noble Bernard de Castanet, son fils aîné, lorsqu'il aura atteint l'âge de 25 ans, et à noble Pierre de Castanet, son second fils, au cas que ledit Bernard viendrait à mourir avant cet âge.

VI.

Pierre de Castanet.

Il est constant que Pierre était fils de Pons et on le prouve 1° par le testament de son père cité plus haut; 2° par son contrat de mariage avec demoiselle Hélène de Jean de St.-Projet, du 25 mars 1576, retenu par M° Capestrecy, notaire à l'Espitalet, et où il est nommé noble Pierre de Castanet, seigneur de Castanet; 3° par une quittance de mille livres, consentie à lui noble Pierre de Castanet, seigneur de Castanet, par noble Raymond de Lamothe, le 26 juillet 1576; 4° par un inventaire des biens meubles et effets dudit Pierre de Castanet, fait à la requête de noble Hélène de Jean de St.-Projet, dans lequel elle prend la qualité de veuve de noble Pierre de Castanet, seigneur de Castanet, et de légitime administratrice des enfants dudit Pierre, en date du 30 mai 1586, devant Pagnabé, notaire à Valhourlles; 5° enfin, par plusieurs autres actes que nous négligeons de citer, ne mentionnant que son testament, en date du 15 décembre 1585, retenu par M⁶ Bessières, notaire à Toulouse, et dans lequel il est nommé noble Pierre de Castanet, seigneur de Castanet et de Tauriac, colonel d'un régiment de dix enseignes, et par lequel, après avoir réglé les droits de ses enfants en bas âge (Antoine, Georges, Robert et Marguerite), il institue pour son héritière générale et universelle sa femme, Hélène de Jean de St.-Projet.

VII.

Georges de Castanet.

Il est prouvé que Georges était fils de Pierre de Castanet 1° par le testament de son père, déjà cité; 2° par une confirmation de donation, faite le 11 mai 1614, devant M⁶ Savignac, notaire, par noble Hélène de Jean de St.-Projet, *seigneuresse* de Castanet et de Cambairac, à noble Georges de Castanet, seigneur de Tauriac, son fils, en raison de son futur mariage; 3° par son contrat de mariage avec noble Sidoine de Marsa, retenu le 2 février 1617, par Martin, notaire à Beauregard, auquel intervint noble Hélène de Jean de St.-Projet, sa mère, et dans lequel il est nommé noble Georges de Castanet, sieur de Tauriac; 4° par le testament dudit Georges (en date du

16 septembre 1643, retenu par M⁰ Enguiale, notaire à Castanet), dans lequel il fixe les droits d'Hélène de Castanet, sa fille, et nomme son héritier noble Antoine de Castanet, seigneur de Cambairac, son fils légitime et naturel.

Il paraît que ce Georges, second fils de Pierre de Castanet, transigea, avec son frère aîné Antoine, pour ses droits à la succession de son père. Il eut pour sa part la seigneurie de Cambairac, le domaine de Maurel et plusieurs terres, droits et rentes dans celle de Castanet qui devait revenir par substitution à lui ou aux siens, en cas de non-succession de son frère Antoine. Ce dernier eut un fils, Honoré de Castanet, seigneur de Castanet et marquis de Tauriac. Honoré eut deux enfants, François de Castanet d'Armagnac, marquis de Tauriac, mort sans enfants, et une fille mariée à M. de Boyer; elle porta à son mari, malgré la substitution, ce qu'elle possédait à Castanet et la terre de Tauriac, dont MM. de Boyer prirent alors le nom, qu'ils portent encore aujourd'hui.

VIII.

Antoine de Castanet.

La filiation d'Antoine se prouve 1° par le testament de son père; 2° par son extrait de baptême en date du 20 avril 1620, où il est déclaré fils légitime de noble Georges de Castanet et de noble Sidoine de Marsa; ledit extrait signé du curé

de Castanet et disant que son parrain fut noble
Antoine de Castanet, seigneur de Castanet et de
Tauriac, son oncle paternel ; 3° par son contrat
de mariage avec demoiselle Marie de Vernhes,
du 26 septembre 1634, retenu par Mᵉ Rébellat,
notaire, et dans lequel il est intitulé noble Antoine de Castanet, seigneur de Cambairac, fils légitime de noble Georges de Castanet et de Sidoine
de Marsa, mariés ; 4° par un arrêt de maintenue,
rendu en sa faveur le 22 mars 1666, par lequel
ses preuves furent admises contradictoirement et
légalement, comme descendant direct et légitime
de noble et puissant seigneur Pierre d'Armagnac,
chevalier, seigneur de Castanet. Il fut inscrit, en
cette qualité, sur le catalogue des nobles de la
sénéchaussée de Villefranche (du Rouergue), par
ordonnance de M. Pellot, intendant, délégué à
la recherche de la noblesse de la généralité de
Guienne, rendue à Agen le 26 avril 1668. Le collationné de cet arrêt et ordonnance a été légalement
délivré sur la minute originale, à la famille, en
vertu de l'arrêt du conseil, du 25 avril 1772,
par M. Cherin, généalogiste des ordres du roi,
le 19 février 1773 ; 5° par plusieurs autres actes
que nous croyons inutile de citer.

IX.

Georges de Castanet.

Georges est démontré avoir été fils d'Antoine
de Castanet 1.⁰ par une donation à lui faite par

son père noble Antoine de Castanet, seigneur de Cambairac, le 12 janvier 1674, et retenue par M⁰ Rivières, notaire royal ; 2° par son contrat de mariage avec demoiselle Ursule Dardenne, passé le 20 décembre 1694, devant M⁰ Souzy, notaire à Villefranche (Rouergue), dans lequel ledit Georges est déclaré noble Georges de Castanet, seigneur de Cambairac, fils de noble Antoine de Castanet ; 3° par un acte obligatoire de la somme de deux cent vingt-huit livres, consenti par noble Georges de Castanet en faveur de M. Fourtou, le 11 août 1704, devant M⁰ Bessou, notaire, et par plusieurs autres actes authentiques.

X.

François de Castanet.

Il est prouvé que François était fils de Georges de Castanet 1.° par son extrait de baptême du 6 septembre 1697, tiré des registres de la paroisse de Castanet, dans lequel il est déclaré fils légitime et naturel de noble Georges de Castanet, seigneur de Cambairac, et d'Ursule Dardenne, mariés ; 2° par son contrat de mariage sous seing-privé avec demoiselle Marie Thérèse de Marsa, du 4 mars 1717, où il est dit noble François de Castanet, seigneur de Cambairac et fils de noble Georges de Castanet ; 3° par un hommage qu'il rendit au roi, au bureau des finances de Montauban, le 29 août 1730 : « tête nue, les deux
« genoux à terre, sans ceinture, épée ni éperons,

« tenant les mains jointes en la manière accou-
« tumée, pour raison du fief et domaine noble
« appelé de Cambairac, situé dans la paroisse de
« Castanet; » 4° par plusieurs autres actes.

XI.

François d'Armagnac de Castanet.

A mesure que nous avançons, les actes deviennent plus nombreux, et nous ne citerons que les suivants à l'appui de la filiation de François, fils de François de Castanet : 1.° son extrait de baptême du 1er mars 1722, tiré des registres de la paroisse de Castanet et dans lequel il est déclaré fils légitime et naturel de noble François de Castanet, seigneur de Cambairac, et de dame Marie-Thérèse de Marsa ; 2° son contrat de mariage avec noble demoiselle Christine-Rose de Bérail, en date du 7 mars 1752, retenu par Me Molinié, notaire à la Guépie, dans lequel contrat il est nommé messire François de Castanet, seigneur de Cambairac, fils légitime de messire François de Castanet, et de dame Marie-Thérèse de Marsa; 3° un hommage rendu au roi au bureau des finances de Montauban, le 17 septembre 1768, en la manière accoutumée, pour raison de sa terre et seigneurie de Cambairac, fief et domaine noble avec toute justice haute et basse, située dans la paroisse de Castanet, sénéchaussée et élection de Villefranche de Rouergue, à lui advenue par succession de ses ancêtres.

(22)

Ce noble François de Castanet, seigneur de Cambairac, de Labastide-Nantelm, et co-seigneur de Castanet avec M. le marquis de Tauriac, fut le premier qui, depuis Arnaud, seigneur de Castanet et de Cambairac, reprit (vers 1787) le nom d'Armagnac. Forcé de faire ses preuves pour l'admission d'un de ses enfants au chapitre noble de Baume-les-Messieurs, il fut reconnu comme descendant direct et légitime de noble et puissant seigneur Pierre d'Armagnac, et ce fut alors que, sur l'avis des juges chargés d'examiner ses preuves, et sans contestation aucune, il reprit le nom et le titre que ses ancêtres avaient abandonné; il le porta toujours depuis, soit comme membre de l'assemblée de la noblesse, tenue à Villefranche du Rouergue, peu de temps avant la révolution de 1789, soit dans tous les autres actes de sa vie. Il eut quatre fils officiers dans l'armée.

XII.

François-Hilaire d'Armagnac de Castanet.

François-Hilaire prouve qu'il est fils de François de Castanet, seigneur de Cambairac, 1° par son extrait de baptême du 11 avril 1757, tiré des registres de la paroisse de Castanet, dans lequel il est déclaré fils de messire François de Castanet, seigneur de Cambairac et de dame Christine-Rose de Bérail; 2° par son contrat de mariage avec demoiselle Marie-Honorée de Toulouse-Lautrec, en date du 16 frimaire an XI, dans lequel il est nommé François-Hilaire Armagnac-Castanet, fils de François Armagnac-Castanet, ledit acte retenu par Me Fauré, notaire public à Rabastens (Tarn); 3° par ses brevets de pension militaire et de chevalier de St.-Louis, en date du 11 mai 1816 et 15 décembre 1827, dans lesquels il est intitulé François-Hilaire, comte d'Armagnac, de Castanet et de Cambairac.

XIII.

François-Casimir d'Armagnac de Castanet,

Aujourd'hui vivant.

De l'historique qui précède, et que nous n'avons appuyé que sur des documents authentiques, *originaux ou copies d'originaux légalement conformes*, il résulte donc la preuve inattaquable que la famille d'Armagnac, aujourd'hui en possession de ce nom, et établie à Cahors (Lot), et à Rabastens (Tarn), descend directement et sans interruption de noble et puissant seigneur Pierre d'Armagnac, seigneur de Castanet, qui vivait de 1377-1405. La conviction que ce Pierre appartenait réellement à la grande famille des Armagnac, que nous avons acquise par nos recherches, est partagée par MM. de *Basville*, *intendant du Languedoc*, dans ses *mémoires de 1734*; *du Mège, directeur du musée de Toulouse*, dans sa continuation de *l'histoire du Languedoc* par dom Vaissette; *de Barreau*, dans une *histoire du Rouergue* non encore imprimée; par plusieurs hommes enfin qui ne croient pas sans voir, mais ne nient pas sans raison et qui disent avec nous que l'ancienne maison d'Armagnac continue encore dans une branche cadette.